DISCOURS

SUR

L'HISTOIRE DE CALAIS.

DISCOURS

SUR

L'HISTOIRE DE CALAIS,

LU

A LA SÉANCE PUBLIQUE DE LA SOCIÉTÉ D'AGRICULTURE, DU COMMERCE ET DES ARTS DE CALAIS, LE 22 OCTOBRE 1821,

PAR SON PRÉSIDENT

LOUIS JACQUES,

Membre de diverses Sociétés savantes et agricoles.

C'est un théâtre, un spectacle nouveau,
Où tous les morts, sortant de leur tombeau,
Viennent encor sur une scène illustre
Se présenter à nous dans leur vrai lustre,
Et du public dépouillé d'intérêt,
Humbles acteurs, attendent leur arrêt.

J. B. ROUSSEAU,
Épître à Rollin sur l'histoire.

CALAIS,
LE ROY FILS, IMPRIMEUR-LIBRAIRE,
RUE DES BOUCHERIES.

1821.

On trouve chez LE ROY FILS, *imprimeur-libraire à Calais, les ouvrages suivans, du même auteur:*

> Discours sur les avantages de la pêche du hareng.
> Considérations sur le budget de la marine de 1821.
> Coup d'œil sur l'ordonnance de 1681.
> Mémoire sur la baratterie de patron, et sur les moyens de la réprimer.
> Notice sur un bateau de sauvetage, précédée d'un discours.
> Notice sur les constructeurs de bâtimens du commerce, précédée d'un discours.

DISCOURS

SUR

L'HISTOIRE DE CALAIS.

Messieurs,

L'HISTOIRE est l'école de l'humanité : son but est de nous rendre meilleurs. C'est donc un cours de morale en action ; car, sans morale, l'histoire ne serait qu'un mensonge convenu. Les hommes y apprennent l'art d'être heureux ; les souverains l'art de régner. La politique des uns y est retracée, comme la félicité des autres ; et dans cette vaste galerie où la voix de la vérité triomphe des adulations des flatteurs, l'expérience semble dire aux potentats :

« Rien n'échappe à l'œil vigilant qui transmettra
» votre vie à la postérité ; tremblez si vous avez

» été les tyrans de vos peuples; l'impitoyable his-
» toire immortalisera vos forfaits. Mais si, au lieu
» d'ériger la perfidie en vertu, la force et la
» violence en système, vous avez entretenu la paix
» et l'union parmi les hommes, consolez-vous,
» le burin de la vérité retracera vos bienfaits pour
» faire l'admiration des siècles. »

On peut rappeler ici, à l'appui de cette pensée, ce beau mot du prince, père de notre auguste monarque :

« L'histoire est le recours des peuples contre
» les erreurs ou les crimes des rois. »

Mais si l'étude de l'histoire en général est d'une utilité si incontestable, qu'on pourrait lui appliquer ce que *Xénocrate* disait des mathématiques : « c'est l'épée et le bouclier de la philosophie; » nous devons convenir aussi que celle de notre pays est plus utile encore. Ce n'est pas que chaque petite ville ait besoin de ses annales particulières. Il n'est sans doute pas rigoureusement nécessaire qu'une multitude de ces petits *Thucydides* ou *Xénophons*, dont à bon droit se moquèrent *Martial* et *Quintilien*, fassent ronfler leur muse pour entretenir la postérité des faits et gestes de leurs illustres ayeux. Il est bon cependant de remarquer que chaque pays est jaloux des avantages qu'il croit posséder, et qu'il n'est pas si mince bourgade qui, dans sa complaisante vanité, ne veuille démontrer l'antiquité de son origine par ses monumens *Gaulois*, *Celtes* ou *Romains*. Ici *César* jeta ce pont....... là *César* établit son camp ; car il y a partout un *camp de César* qui semble placé là tout exprès pour satisfaire l'archéologue du lieu. Ainsi se perpétue une tradition vicieuse ; aussi a-t-on toujours fort suspecté la véracité des histoires particulières.

Il est cependant des villes qui, par leur situation, par les événemens dont elles ont été le théâtre, par le rôle qu'elles ont joué sur la vaste scène du monde, réclament une statistique spéciale, pour dégager des faits importans du voisinage parasite des circonstances générales, et pour arrêter plus particulièrement l'attention. Telle est notre petite cité, assez intéressante par elle-même pour mériter un coup d'œil de l'observateur. Si l'antiquité, dans ses fastes, est en possession de l'admiration des hommes ; si elle s'honore des *Léonidas* et des *Thémistocle*, nous pouvons citer avec orgueil notre *Eustache St.-Pierre* et ses généreux compagnons. Au moins nous n'aurons pas à implorer l'indulgence de la postérité sur nos injustices envers le *héros* de notre pays, tandis que les générations indignées contemplent avec douleur *Aristide* exilé, *Phocion* dans les fers, *Socrate* buvant la ciguë !.....

La statistique d'un point intéressant est donc

une mine qu'on ne doit pas dédaigner d'exploiter. C'est à celui qui se charge d'en rédiger les annales qu'il appartient de former son tableau, en n'employant que les pinceaux de la vérité, et en s'efforçant de ne charger le coloris d'aucune exagération. Il doit éviter de trop étendre ses conjectures, de torturer les faits pour y substituer son opinion. Il doit être sévère pour ne pas tomber dans l'adulation; scrupuleux, pour ne pas être romanesque; attentif, pour ne pas devenir trivial. Les événemens marquans seront racontés avec la simplicité qui est leur principal ornement, et les plus simples trouveront sous sa plume les accessoires d'une expression choisie, propre à en faire ressortir le mérite. Il aura soin surtout de ne point sacrifier les choses aux mots, et d'aller toujours comme le recommande *Montaigne*, « de l'écorce à la moëlle. »

Cependant, Messieurs, quelque plan qu'il se soit tracé, quelque zèle qui l'anime, l'écrivain trouvera toujours dans la carrière qu'il veut parcourir des documens trop peu authentiques, des données trop vagues, des opinions trop erronnées, enfin des matériaux trop suspects pour n'être pas forcé de se tenir continuellement en garde contre l'irruption du faux. Il doit craindre de ne prendre pour guide que sa propre foiblesse, je veux dire sa raison séduite ou égarée : heureux encore s'il peut remonter à des sources assez certaines pour épurer ses conjectures au creuset de la vérité !

Si l'on considère de quelle manière les faits de l'antiquité nous ont été transmis par les historiens, on jugera de la difficulté d'écrire l'histoire. Au lieu d'utiles vérités, comme l'observe *Voltaire*, on ne rencontre guères que d'inutiles erreurs. En effet, après *Polybe* et *Tacite*, qui forment la base de la pyramide, que sont tous les autres annalistes ? *Xénophon*, *Thucydide*, grands écrivains d'ailleurs, ont évidemment outré les événemens, soit qu'ils aient préconisé leurs héros, soit qu'ils aient pris part eux-mêmes aux événemens qu'ils rapportent. *Tite-Live* est trop officieux pour le vainqueur des Gaules ; *Suétone* paraît un froid rédacteur de la chronique scandaleuse des *Césars*, et *Quinte-Curce* nous donne-t-il autre chose que des déclamations qui rapportent tout à Alexandre ?

On pourrait pousser plus loin cette revue, et, en descendant jusqu'aux modernes, nous trouverions les mêmes fautes à signaler, à moins que nous ne nous arrêtions à ces historiens philosophes qui ont dépouillé l'histoire de ses superfluités, et qui, en ouvrant la porte du temple, sans toutefois pénétrer dans le sanctuaire, nous ont du moins prémunis contre les erreurs, s'ils n'ont pu nous initier à toutes les vérités.

Il est impossible, je ne crains pas de le dire, que la vérité parvienne aux hommes, pure, sans tâche, telle que les poëtes nous représentent cette auguste fille du ciel, reléguée au fond de sa demeure souterraine.

Pour agir d'après les principes de la logique et juger par comparaison, jetons un regard, je ne dis pas sur notre époque (car les événemens dont nous avons été témoins pourraient justifier jusqu'à un certain point la partialité des chroniqueurs); mais sur ce qui a été écrit dès le 6e siècle.

Depuis *Grégoire de Tours*, qui avait sans doute d'excellentes intentions, mais qui cédait trop au fanatisme d'alors, jusqu'à notre bon, notre excellent *Rollin*, inclusivement, que de mensonges, que de fables, que d'absurdités, que d'erreurs!....

Si nous supposons, comme nous devons le croire, que les hommes d'autrefois, sans être peut-être aussi corrompus que les modernes, étaient mus par les mêmes passions, ne devrons-nous pas en inférer que leurs écrits sont empreints des mêmes vices, et qu'ainsi nous possédons, non l'historique des faits et des événemens, mais leur opinion sur ces événemens et sur ces faits?

Il suffirait de parcourir cet imposant tableau avec quelque philosophie, pour se convaincre que toutes les époques du monde, toutes les particularités remarquables des hommes illustres sont environnées de circonstances plus ou moins apocryphes.

Dans son admirable Discours sur l'histoire universelle, *Bossuet*, dont la prédilection pour les Juifs se fait d'ailleurs un peu trop sentir, ne se sert-il pas du siège de Troie comme d'un principal anneau auquel il rattache la grande chaîne des événemens ? Assurément nous lisons avec plaisir, dans *Homère* et dans *Virgile*, les magnifiques détails de cette guerre célèbre ;

Où du sang des dieux même on vit le Xante teint.

LAFONT.

mais les causes de cette querelle, et la funeste invention d'Ulysse qui la termina à l'avantage des Grecs, tant d'autres choses qui n'ont probablement existé que dans l'imagination des poëtes, en excitant notre admiration dans l'immortelle épopée d'*Homère*, doivent singulièrement exciter notre incrédulité comme faits historiques. Voilà peut-être pourquoi *Platon* exclut de sa république le chantre de *l'Iliade* et de *l'Odyssée*.

Dans nos recherches, nous sommes arrêtés à chaque pas. Comment croire sans restriction et à la continence de *Scipion* et au dévouement de *Curtius*, et aux hauts faits des *Fabius*, des *Décius*, des *Curius*, des *Cincinnatus* et autres, lorsque *Denys d'Halycarnasse*, *Dion*, *Diodore de Sicile* nous rapportent ces faits chacun à sa manière ? L'action d'*Empédocles* qui se précipite dans *l'Etna* comme *Aristote* s'était précipité dans la mer, désespéré de n'en pouvoir pas pénétrer les mystères, est célébrée dans plus d'un auteur, et le judicieux *Plutarque* ne balance pas à appeler l'homme un *charlatan*.

On peut bien admettre que les *oies* sauvèrent le capitole, puisqu'il n'est pas impossible que ces oiseaux, effrayés par le bruit des préparatifs de *Brennus*, aient donné à *Manlius* un avertissement salutaire ; mais est-il bien vrai que les *Romains* empalèrent un *chien* tous les ans, pour punir son espèce de n'avoir pas rendu le même service que les oies ?

La vie des grands hommes est trop souvent deshonorée par des contes absurdes, et c'est avec raison que l'auteur du siècle de *Louis XIV* (1) s'élève contre ce merveilleux ridicule auquel les historiens ont imprimé un certain caractère d'authenticité. Peut-on, par exemple, lire sans dégoût le tissu d'extravagances que *Planudes* nous a laissées touchant le père de l'apologue (2) ? malheureusement le *banquet des sept sages* (3) reproduit les mêmes erreurs, et voilà comment l'antiquité nous a légué ses faiblesses, à nous qui avons tant de peine à secouer le joug des illusions !

Sans parler de l'ame de *Jules César*, qui apparut dans une comète l'année de sa mort ; du cyprès qui naquit à l'endroit où *Homère* vit le jour ; du peuplier qui consacra la naissance de *Virgile* et du

(1) Voltaire.   (2) Esope.   (3) Platon.

laurier qui prit naissance sur son tombeau, l'histoire de ce dernier mérite d'autant plus d'arrêter un instant nos regards, que de nos jours même on nous donne à ce sujet pour réels de véritables *contes bleus* (1).

« Celui qui ne sait pas rejeter le mauvais, dit
» ingénieusement le prince de nos philosophes (2),
» n'est pas digne d'apprécier le bon. » Ainsi, s'il fallait en croire des auteurs d'ailleurs fort estimables, le *Cygne* de Mantoue aurait dû le commencement de sa fortune à ses pronostics d'astrologie judiciaire, à ses connaissances en fait de chiens et de chevaux, connaissances qui durent, on le sent bien, singulièrement étendre sa réputation dans les écuries d'Auguste. Tout ridicule qu'est ce fait, il n'est pas matériellement improbable, quand on songe à l'étendue des sottises humaines, et quand on se rappelle la haute fortune du jeune *Cadenet* à la cour de *Louis XIII*, pour son rare talent à élever des pies-grièches (3).

On ajoute qu'*Auguste*, piqué des sarcasmes d'*Antonin*, questionnait le poëte sur son origine. « Je dois croire, dit celui-ci, que vous êtes fils
» d'un boulanger. » Parce qu'il n'y avait, selon lui, que le fils d'un boulanger qui pût lui faire accorder des gratifications en rations de pain.

(1) Voyez les commentaires sur *Delille*.
(2) Montaigne.
(3) Voyez les commentaires du temps.

Un lâche est superstitieux : il est permis de croire que le sanguinaire Triumvir qui prit la fuite à la bataille de *Philippes*, qui se cacha à fond de cale à celle d'*Actium*, fût en proie à de ridicules préjugés ; mais lorsque *Octave* devint *Auguste*, et qu'après avoir saccagé la terre, il la vit humble à ses pieds, peut-on raisonnablement supposer qu'un quolibet, une mauvaise plaisanterie, attirât des honneurs et des récompenses à celui qui, en se la permettant, devait s'attendre au plus sévère châtiment ?

Quoi qu'il en soit, c'est au lecteur philosophe à parcourir l'histoire avec la circonspection nécessaire, et surtout à se défier de tous ces *Ana*, compilations indigestes qu'on offre à notre crédulité.

Ce n'est pas que le plus grand homme ne puisse avoir la plus modeste origine :

Un pur hasard sans nous règle notre naissance.
CORNEILLE.

mais encore faut-il savoir la vérité. Nos temps modernes sont pleins de ces exemples, et nous voyons dans l'antiquité qu'*Homère* fut mendiant, *Démosthènes* forgeron, et qu'*Abdolonyme* avait été jardinier avant d'être fait roi de Sidon par Alexandre.

Me voici, Messieurs, bien loin du sujet que je m'étais proposé de traiter, et presque dans l'impossibilité de justifier la bienveillante attention que vous voulez bien m'accorder. Vous seriez en droit de demander compte à mes intentions des excès de ma loquacité. Je me suis laissé entraîner dans des digressions que vos lumières blâmeront peut-être, mais que votre indulgence excusera, j'aime à l'espérer. Vous m'avez accoutumé à une bienveillance dont toutefois je ne devrais pas avoir le droit d'abuser. En la réclamant de nouveau pour les considérations que j'ai osé avancer, je reviens à l'objet sur lequel je dois plus particulièrement arrêter votre attention.

Calais depuis long-temps possède des annales, qu'il doit aux recherches d'un de ses anciens magistrats, *Bernard*, à l'abbé *Lefebvre*, à *George l'Apôtre* et à *Marin Bailleul*. Mais les événemens qui se rattachent le plus directement à notre petite cité sont tellement noyés au milieu de faits qui y sont étrangers, que l'intérêt qui devrait toujours aller croissant, s'affaiblit graduellement et fait place au dégoût : nous n'en devons pas moins de reconnaissance à ces anciens compatriotes, pour les soins qu'ils se sont donnés de mettre en ordre et d'établir la série des événemens qui se sont succédés depuis les temps les plus reculés ; seulement il me paraît que l'histoire est d'une aridité rebutante, lorsqu'elle ne présente qu'une nomenclature sèche, un ordre symétrique des événemens, et c'est peut-être là le défaut du plus grand nombre des annalistes du *Calaisis*. Est-ce ainsi que *Bossuet*, *Rollin*, *Vertot*, *Voltaire*, *Millot* et d'autres écrivains illustres, ont transmis à la postérité le tableau des siècles passés? Est-ce ainsi qu'il est possible de fixer l'attention de ses concitoyens et de faire naître chez eux le besoin d'étudier l'histoire de leurs ancêtres? Je le répète, il manque à la ville de Calais un précis historique qui renferme dans un cercle assez resserré, non point la série, par ordre chronologique, des événemens de quelque importance qui se sont passés depuis l'époque où elle a commencé à figurer dans les fastes généraux, mais un tableau fidelle de ces événemens, tracé avec ce goût, cette clarté, cette élégante simplicité qui peuvent en rendre la lecture agréable.

Frappé de la nécessité de jeter quelque jour sur notre propre histoire, et d'initier nos compatriotes à des particularités qui les touchent d'aussi près, j'avais dérobé à mes loisirs le temps que mes occupations leur laissent, pour réunir des documens, recueillir des notes, colliger enfin toute sorte de renseignemens sur Calais, afin de les classer dans un corps d'ouvrage peu volumineux qui serait devenu les éphémérides du Calaisien.

Mais si d'un côté le désir de payer un tribut à l'utilité de mes concitoyens me faisait dissimuler la difficulté de cette tâche, d'un autre côté une trop légitime défiance en mes moyens me forcerait d'abandonner ce projet, pour en laisser l'exécution à des mains plus habiles. Cependant, Messieurs, le besoin que j'éprouve sans cesse d'acquérir des titres à votre estime pourrait peut-être me déterminer à entreprendre ce travail ; et alors, si vous pensiez qu'il ne fût point trop au-dessous de ce qu'il devrait être, il me serait doux de vous en faire hommage. Les élémens, du reste, ne me manqueront point ; car sans même m'appesantir sur l'origine de *Calais*, que tant d'écrivains recommandables font remonter au temps de *Jules-César*, je trouverai, dans le grand nombre d'événemens dont j'aurai à m'occuper, des faits assez importans pour jeter quelque intérêt sur cette production. Cependant, tout en repoussant l'idée de remonter aussi haut, par l'impossibilité matérielle, on peut le dire, de dégager cette partie de nos annales de l'obscurité où elle est plongée, je croirais mutiler maladroitement mon sujet, si je dédaignais de consacrer un chapitre à cet examen.

Je sais qu'un parent du respectable M. Leveux, que la ville de Calais doit s'honorer d'avoir eu pour premier magistrat pendant les tourmentes révolutionnaires, et qui, par sa conduite noble et courageuse, avait acquis tant de droits à notre vénération, a cherché à démontrer, dans un manuscrit rédigé en 1791, en s'appuyant, comme sur une autorité irrécusable, des commentaires de *César*, que le *Portus Itius* des Romains ne pouvait être autre que *Wissant*, qui ne laisse maintenant apercevoir aucun vestige d'établissement de cette nature ; que *l'abbé Lefebvre*, historien de Calais, est, avec plusieurs autres auteurs, de la même opinion, et que *Henry*, dans son Essai historique sur le Boulonnais, conclut dans le même sens ; tandis que notre ancien bibliothécaire *Morel Disque*, fort de l'opinion d'un grand nombre d'écrivains non moins dignes de foi, revendiquait pour *Calais* le *Portus Itius*. Mais ce serait sans doute m'exposer au ridicule, que d'annoncer la prétention d'éclaircir cette question, appelée à rester à jamais sans solution exacte : aussi, me bornerai-je à indiquer sommairement les raisons *pour* et *contre*, sans émettre formellement mon opinion, qu'on pourrait suspecter de partialité. D'un autre côté, je n'aurais pas besoin de recourir à ce moyen pour nourrir le travail que je médite ; car lorsqu'une ville de France a été plus de 500 ans sous l'empire des romains ; pendant 210, sous la domination anglaise ; pendant deux, au pouvoir des Espagnols ; qu'elle a été le théâtre de tant d'événemens ; qu'elle a possédé dans ses murs tant de têtes couronnées, tant de personnages illustres ; qu'elle a enfin, après tant d'années de calamités, reçu la première, avec les transports d'une allégresse générale, le petit-fils de *Henri IV*, son souverain bien-aimé, on ne contestera point qu'une cité semblable ne possède tous les élémens précieux d'une histoire locale. Mais cette histoire, comme je l'ai dit, doit être faite avec méthode : il ne suffit point de se renfermer dans les limites d'une simple chronologie ; car alors point d'attrait pour le lecteur, rien de neuf, rien de piquant; et ce travail n'obtiendrait sans doute aucun succès, s'il n'était assis sur des bases plus larges et plus élevées. En effet, quel dégré d'intérêt pourraient présenter nos annales, si nous nous bornions à dire, par exemple :

En 1227, le comte Philippe a fait environner Calais de murailles, et creuser des fossés au pourtour ;

En 1347, les Anglais s'emparèrent de Calais ;

En 1558, le duc de Guise reprit Calais sur les Anglais ;

Autant vaudrait renoncer au projet de refondre nos vieilles chroniques, puisque les nouvelles n'annonceraient de la part de l'auteur d'autre mérite que celui, plus ou moins étendu, d'un compilateur plus ou moins heureux. Franchement, ce serait une production indigeste peu propre à commander l'estime publique, que l'écrivain doit avoir sans cesse en vue, comme la plus noble et la plus douce récompense qu'il puisse ambitionner.

Le chapitre Ier, donc, serait consacré, ainsi que je l'ai dit, à mettre en regard les opinions diverses sur l'origine de Calais. Dans cet examen, quoique enclin peut-être, par amour national, à user de toutes les ressources qu'offre l'obscurité des temps pour faire prévaloir ses opinions, un esprit sage ne perdra pas de vue qu'il ne doit pas trop s'aventurer dans le champ des conjectures et des probabilités. Lorsqu'on se croit dans l'obligation de parler d'époques reculées, il est toujours facile de trouver un côté faible qui permet l'attaque et promet la victoire ; mais il convient, dans ce cas, de ne pas trop se laisser entraîner par les illusions séduisantes et mensongères d'un raisonnement sophistique.

Le chapitre II contiendrait la narration des événemens et faits historiques qui nous ont été transmis par les annalistes connus. Il ne pourrait manquer de fixer l'attention générale, si, comme je le sens et comme une plume habile pourrait le faire, on parvenait à lier les événemens entr'eux d'une manière assez ingénieuse pour donner à ce tableau le dégré d'intérêt dont il est susceptible.

Dans *le chapitre III*, on examinerait Calais sous le rapport de son commerce extérieur et de ses établissemens publics. Cette revue, qui intéresse toutes les classes de la société, donnerait à nos neveux les moyens d'établir un point de comparaison entre le dégré de prospérité de Calais au 19e siècle, et celle dont il jouirait dans les siècles à venir. Nos ressources y seraient détaillées ; des développemens clairs et précis démontreraient l'état de notre industrie, et, dans un cas de décadence, ils fourniraient les moyens de remonter aux causes, d'approfondir le mal et d'y appliquer le remède.

Le chapitre IV serait destiné à considérer Calais comme place de guerre ; on ferait la description de ses établissemens militaires ; on remonterait à leur fondation, et cette partie du travail, quoiqu'une des plus arides, permettrait encore d'entrer dans quelques détails susceptibles de fixer l'attention des amis de leur pays.

Le chapitre V traiterait de l'importance maritime de Calais, de son commerce extérieur, des pêches et de tous les avantages que procure le vaste domaine de la mer. Il est inutile de chercher à démontrer ce que ce chapitre pourrait renfermer d'intéressant. Le bonheur de nos concitoyens y est attaché ; c'est dire assez qu'il commanderait les soins les plus scrupuleux pour ne rien omettre de ce qui serait de nature à faire naître le goût de ces entreprises qui tendent à l'accroissement de la fortune publique.

Le chapitre VI aurait pour objet de considérer Calais dans son état actuel, comparativement à ce qu'il pourrait être, si le *moi* ne mettait trop souvent l'indifférence à la place de cette constante sollicitude qui procure de si heureux résultats. On indiquerait toutes les améliorations que cette ville intéressante réclame encore ; les monumens, les établissemens dont elle pourrait s'enrichir ; les branches de commerce qu'elle devrait acquérir ; les travaux qu'il conviendrait d'ordonner pour assurer ses moyens de défense, et les dispositions à prendre pour augmenter sa population et son étendue, si le gouvernement renonçait un jour au système des places de guerre d'un ordre inférieur.

Le chapitre VII traiterait des mœurs et usages des Calaisiens, de leur caractère, de leurs goûts et de leurs habitudes. Il signalerait le bon esprit qui, pendant tant de siècles, a régné parmi nos concitoyens; quelques lignes y seraient consacrées à l'éloge de ce sexe qui, par son amabilité, sa douceur, sa sensibilité exquise, par ces qualités qui peuvent fournir le modèle de la perfection, contribue si puissamment à nous faire supporter les vicissitudes humaines, et souvent le fardeau trop pesant de la vie. Cet éloge d'ailleurs ne serait qu'un hommage rendu à la vérité; mais nous ne l'entreprendrions qu'en tremblant, dans la crainte de ne pouvoir nous élever à la hauteur et à la dignité du sujet; car nous n'avons pas été le premier à reconnaître que les Calaisiennes en général se font remarquer autant par les qualités du cœur et par la délicatesse de leur goût, que par les grâces et les charmes de leur personne.

Tel est, Messieurs, le plan de l'ouvrage que je médite, sous le titre de *Notice historique et statistique sur Calais*, et dont je m'estimerais heureux de vous présenter l'hommage; mais je ne l'entreprendrai qu'autant que vous me permettrez de compter sur votre bienveillance et sur vos soins.

Votre sagacité me dispensera de vous faire remarquer, Messieurs, quel vaste champ offre à nos méditations le dernier chapitre de cet ouvrage. Il aura pour but de comparer les mœurs actuelles avec les mœurs anciennes; il présentera le tableau des rapports particuliers de nos concitoyens entr'eux à différentes époques. Ces rapports, au temps où je parle, pourraient sans doute s'offrir sous un aspect plus satisfaisant; et si je m'abstiens ici d'analyser les motifs qui devraient nous procurer cet heureux changement, c'est dans l'espoir que le temps et la raison s'uniront pour tout rétablir dans l'état inhérent à nos besoins et à nos goûts. Je rappellerai seulement que le Roi, dans sa profonde sagesse, se plaît à accorder une protection spéciale aux sociétés d'agriculture, et que celles-ci, placées sous cette égide sacrée, contractent l'engagement de mériter cette auguste protection, en dirigeant sans cesse leurs pensées vers la prospérité de leur pays, et en s'identifiant surtout avec les principes de leur institution, qui les rend étrangères à tout ce qui n'appartient pas au domaine de l'agriculture, du commerce et des arts.

Vous donnerez, Messieurs, l'exemple de l'amour que nous devons à la dynastie des Bourbons, en contribuant par vos conseils à conserver dans Calais, l'union, les mœurs, la bonne foi, le désintéressement, qui furent les qualités dominantes de vos ancêtres. S'il en était autrement, rappelez-vous que nous aurions la douleur de voir tout dégénérer. Si ce n'est point nous élever trop haut, parce qu'en effet il n'y a pas similitude, jetons ensemble à cette occasion un regard sur l'antiquité : nous verrons la *Grèce* corrompue dès que les richesses de *l'Orient* vinrent envahir cette terre classique, que tant de vertus, tant de glorieux souvenirs doivent nous faire admirer ; nous remarquerons, pour donner l'éveil à notre prudence, la splendeur des arts sous *Périclès*, mais ces arts aidant la mollesse à faire triompher les habitudes asiatiques ; nous déplorerons la fragilité humaine, en contemplant les vainqueurs de *Marathon* et de *Salamine* avilis ; *Athènes* s'élevant contre *Sparte* ; *Sparte* oubliant les travaux de *Lycurgue* ; *Thèbes* mourant avec *Épaminondas* ; en voyant, enfin, tout bouleversé, tout perdu ; les lois méconnues, les mœurs dépravées, le goût des plaisirs frivoles dominant ; *Corinthe* rendant plus d'honneurs à ses courtisanes, que *l'Attique* entière à *Léonidas*.... et tout cela du moment où l'argent, l'avarice et l'ambition prirent la place de toutes les vertus, et que l'éloquence vénale d'*Eschine* et l'or corrupteur de *Philippe* eurent perverti le plus illustre des peuples.

Que ce tableau, Messieurs, serve à notre instruction ; que la sagesse et les fautes de l'antiquité soient pour nous des leçons utiles ; et si nous voulons profiter de l'expérience de tant de siècles, nous laisser diriger par les sentences qui font lois, par les principes avoués de nos ayeux, par les exemples que nous fournissent les fastes de l'histoire moderne, comme ceux de l'histoire ancienne ; si nous voulons enfin nous abandonner sans réserve aux sentimens généreux innés chez *le Calaisien*, nous jouirons, j'aime à en concevoir la flatteuse et douce espérance, de cette félicité qu'on ne peut goûter que dans la tranquillité, dans l'harmonie, dans l'union, et surtout dans cette bienfaisante indulgence qui contribue si éminemment au bonheur des familles. Puissent mes paroles ne point se perdre dans cette enceinte ! Puissent mes vœux être exaucés pour la prospérité de mes concitoyens !

FIN.

www.ingramcontent.com/pod-product-compliance
Lightning Source LLC
Chambersburg PA
CBHW070501080426
42451CB00025B/3021